tänze der untertanen

für euch, ihr halunken und halunkinnen
– für alle, die noch wachsen

nils mohl

tän ze der un ter tanen

gedichte

illustriert von katharina greve

MIXTVISION
Weiter. Erzählen.

motto

ein astreiner spruch für transparente
weil <u>die</u> antwort auf kluge argumente
etwas für ganz besondere momente
obwohl man's quasi immer sagen könnte
ok – hier kommt's: HINTEN KACKT DIE ENTE!

einfach genial

ändert man
im wort
müll nur vier
buchstaben
hat man
plötzlich *hirn*

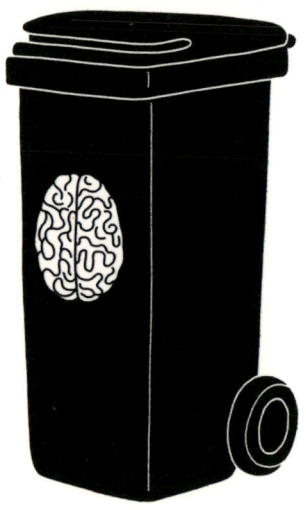

traumfliegerei

fort von meinem hochhausbalkon
hebt mich im traum ein luftballon

barfuß und in pyjamakluft
geht's hoch hinauf in die luft

vorbei am fabrikkamin
ich überhole einen zeppelin

durchsteche wattewolkenflausch
was ist das nur – ein höhenrausch?

ich kann's natürlich nicht erklären
doch ich fliege durch die sphären

verrückt: mein leben hängt ja nur
an einer lächerlichen schnur

schrumpfend: der blaue erdenball
so drifte ich hinaus ins all

kurs sichelmond und mondspitze
mit ballon – *na schöne grütze!*

was wenn das ding die ecke kratzt?
ja willst du dass mein traum so platzt?

das schöne nö!

du machst urlaub in malmö
das juckt mich nicht:
nö!

du drehst um bei jeder bö
mach ich da mit?
nö!

du schätzt es lieber peu à peu
ich aber nicht:
nö!

du verkehrst im geld-milieu
gefällt mir das?
nö!

du willst meinen billard-queue
meine antwort:
nö!

du wünscht mir die diarrhöe
he! moment mal:
nö!

wie – du sagst mir schon adieu?
och komm bitte:
nö nö nö …

die knickidiknack

kennfarbe kirschsaftrot und superrätselhaft
es gibt niemanden der die sache wirklich rafft
gehört dies phänomen elementarster kraft
gehört die knickidiknack vielleicht abgeschafft?

knickidiknack reift berauscht und geht durch mägen
erwischt verwandte freunde – im grunde jeden
von ihr allein können infizierte leben
nebst luft (und vielleicht des hohen nährwerts wegen)

knickidiknack kann brief sein epos und gedicht
platonisch drama film trank song – ja sogar pflicht
aufgepasst! oft neigt sie zu kitsch und kerzenlicht
(pluspunkt: alte knickidiknack die rostet nicht)

knickidiknack wird am tag und bei nacht gemacht
im bett (zett be nach einer wilden kissenschlacht)
am strand aus lust (oder aus frust) und auf verdacht
oft nackt (doch auch in latex- oder ledertracht)

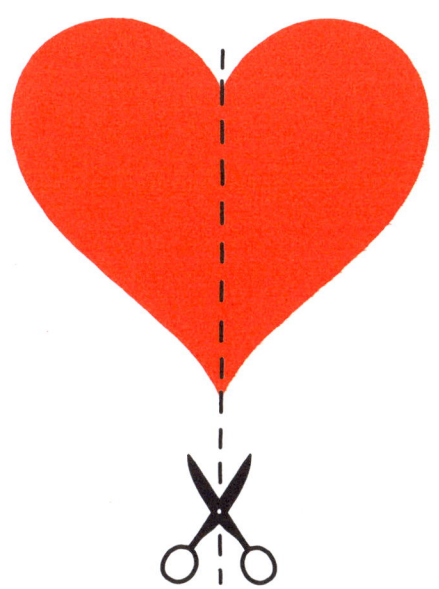

knickidiknack macht high (und sie heilt beschwerden)
wo sie ist wird's niemals langweilig auf erden
aber wehe wenn sie bricht dann bleiben scherben
knickidiknack schmerzt und lässt vor kummer sterben

zig knickidiknacker hat's schon dahingerafft
dies gemütsphänomen elementarster kraft
kennfarbe kirschsaftrot und superrätselhaft
gehört wer sich verknickidiknackt nicht hart bestraft?

langohren-bashing

schönen guten tag mein name ist vase
blumen gehören immer in die nase

und tanz mir ja nicht rum auf der oase
freu dich lieber auf die wellnessblase

ach so – apropos tuten und phrase:
die dresche kriegt natürlich der hase

auftragskillermauz und kauz

auf der abschussliste
stand der kauz – ja miste!

die mauz war gefährlich
doch gerne gesteh' ich

bevor's schlimm wird und kracht
sie war nur ausgedacht

die auftragskillermauz
von mir – dem dichterkauz

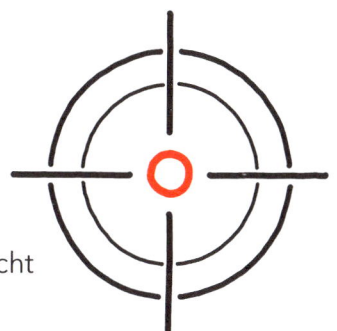

exquisite expertisen

exkinder sind erwachsen
exfahrer nutzen taxen
exhosen sitzen enger
exkurse dauern länger
exgepresstes nennt sich saft
exegese wissenschaft
exmänner sind geschieden
expander zum verbiegen
exminister leiden keine not
exgedopte haben startverbot
exil nennt sich ein heimersatz
exklusives kriegt den ehrenplatz
exfrauen sind autonom
exfreuden frustration
exfehler hat man ausradiert
exempel werden statuiert
exdunkel nennt sich licht
exlügen gibt es nicht
extratouren sind legal
exhibitionisten anomal
explodierendes macht bumm-peng!
exkremente riechen streng
extremer ehrgeiz nennt sich streben
experiment im volksmund leben

gartengedicht

hätte hätte
perlenkette
denkt die elster
klaut die kette
der gärtnerin
flieht zur hecke

wäre wäre
heckenschere
die beklaute
sieht die elster
mit der kette
in der hecke

würde würde
trommelwirbel
die gärtnerin
mit heckenschere
macht sich startklar
vorm verstecke

könnte könnte
komplimente
denkt die elster
mit der kette
zwitschert ab zur
nächsten ecke

nordseerausch

dünen hügeln vor sich hin
ich mittendrin durchtale die
sandige landschaft hier und
ergipfle sie barfuß dann dort
– und alles ist einfach insel

ummöwt strande ich meernah
wie wunderbar wellenbeleckt
muscheln sich füße schlickwärts
gischtig salzt die see auf zunge
– und alles ist einfach insel

unterm leuchtturm

der geruch von mondbetuschtem land
der geruch von meeresbrisen
der geruch von salzigen wiesen
der geruch von aufgeheiztem sand

der geruch der inselnacht
der geruch der dünenareale
der geruch der muschelschale
ein geruch der süchtig macht

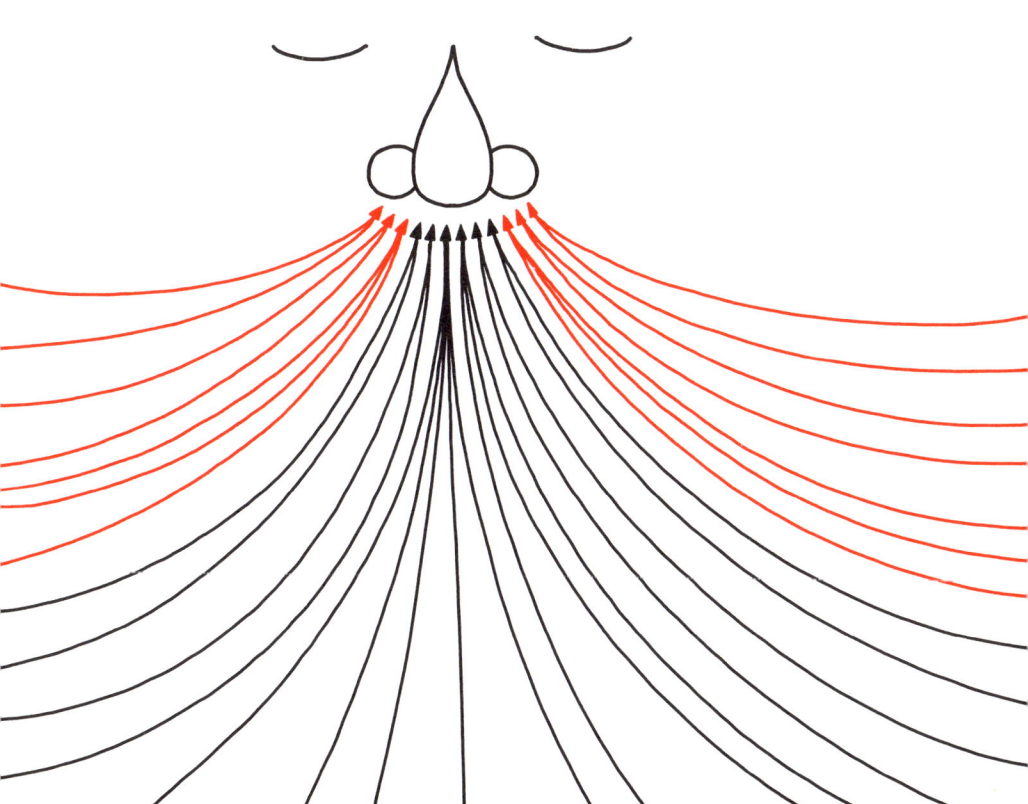

reisegedicht

zeit
geld
büro
planung
route
land

gepäck
koffer
tasche
apotheke
proviant

versicherung
wetter
welle
führer
pass

bus
erlebnis
fieber
krankheit
großer spaß

nautisches gedicht

das schiff verlässt den port

wellen
    wellen
wellen

mägen drehen sich um
ihr inhalt geht von bord

wellen
    wellen
wellen

das schiff setzt seine reise fort

kahlkopf karl

karl war kahl
karl war ein kahlkopf
karls kopf (ja ganz karl) war kahl
kahler als karl (klar) das ging nicht
da traf karl einen kerl der nicht kahl war
und dieser kerl war ebenfalls ein karl
der kam samt kalb kalle und kahn
aus (klarer fall) calau
wollte in die kalahari
karla klar machen
(oder klara)
da kratzte karl der kahle sich
wer war nun wer? wer dieser karl? wer karla?
karl aus calau kasperte herum und kalb kalle kaute cool
unser karl aber erkannte kurzerhand
nicht jeder karl hat auch einen kahlen kopf
ein karlkopf kann ein kopf wie jeder kopf sein
radikal fand karl das und der kahle kerl
wollte keinesfalls mehr kahlkopf sein
in die kalahari wollte er (na klar)
eine karla kennenlernen
(oder eine klara)

lernen von den rock-royalties

impotenz
falten
depression
(die jugend: dahin)

viagra
botox
prozac
(alles: halb so schlimm)

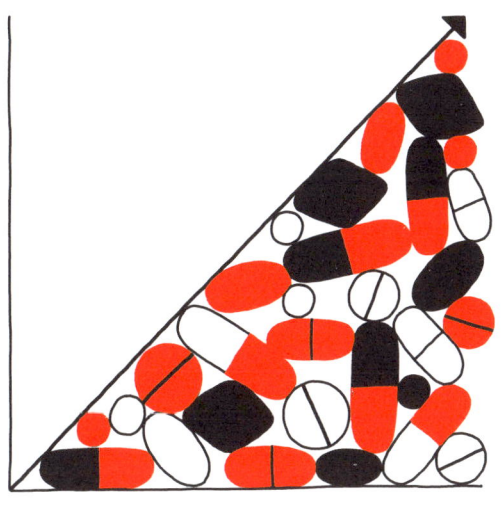

erschüttelnd!

musikalische früherziehung
die eiserne wetterhahnlady wirkte eher bieder
aber pfiff dem wetterhahnbaby fetzige lieder

probenraum

mit trommellummen unterm dach wird man krank
permanent tierischer krach – schönen dank!

spießgesellen

als die schwer genervte ziege floh
entkam auch eine fliege aus dem zoo

25

freakige früchtchen

1 ein zeckerich traf eine zecke
man verschwand in einer hecke
ließ es mächtig krachen
zeugte einen drachen
namens beatrice
die wuchs auf am rande von paris
zog später in die innenstadt
wo sich ihre spur verloren hat

2 ein algerich traf eine alge
man verschwand im unterwasserwalde
trieb es schmutzig trieb es hart
zeugte so ein mädchen zart
namens marie-jo
die wuchs auf bei tokio
zog später richtung afrika
blieb nirgends länger als ein jahr

3 ein klammerich traf eine klammer
man verschwand in einer kammer
fand dort zueinander
zeugte so ein zwillingspaar
namens balduin und balthasar
das wuchs auf in quebec (kanada)
zog dann nach twin falls (idaho)
fragt mich bitte nicht wieso

4 ananas traf ananas
   man verschwand im hohen gras
   hatte dort enormen spaß
   adoptierte einen ananäserich
   namens rex-theoderich
   der wuchs auf in koblenz-metternich
   zog später in die welt hinaus
   kam aber immer gern zurück nach haus

5 eine hünin traf einen hünen
   man verschwand eilig in den dünen
   ging dort ungeschickt zu werk'
   zeugte einen zwerg
   namens häwelmann
   er wuchs auf in langendamm
   blieb auch später stur an diesem ort
   pflanzte sich noch bis ins hohe alter fort

t. b. c.

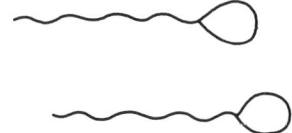

99 & 1 tipp zum selberbessermachen

hab vorletzte zweifel vor den letzten
befolg keinen rat der gut gemeint ist
es sei denn es wird ernst trau keinem hahn
der nicht nach sich selbst kräht gib den löffel
ab wenn du mehr als einen hast zähl nach

salz suppen hau eier in die pfanne
beiß ins gras sofern es schmeckt doch achte
auf die zähne füll halbleere gläser
trink aus vollen bis zur hälfte sei klug
bleib durstig & hör auf kein kommando

pornografisches haiku

pass auf: mensch trifft mensch
stell dir vor es wird intim
hast du …?! – du ferkel!

auskunft über das gelände

<pre>
                    g
              n   e
             u   f
          g   a
         i   e
       e   l
      t   l
     s   e
</pre>

naturgedicht

die luft ist raus
der wurm ist drin

frau lippenrot
ex-schönheitskönigin

ist 20 jahre tot
längst verwest

und lang vergessen
in der nähe ihres grabs

stehen immergrün
zwei monterey-zypressen

aus dem wörterbuch des (neuen) glaubens

klage	jubel
der anwalt tönt	ein schuss
herr mandant	ein tor
bin's so gewöhnt	jaha
sorgen sie sich nicht	eins null
paragrafen kenne ich	eins null
das wird ein freispruch	hurra
vor gericht	und schluss

preis

was kostet das
dies ungeheuer
krass krass krass
fuffzich euro
plus mehrwersteuer
mein lieber mann
das nenn ich teuer

anruf

erst ist besetzt
tütü-tüt
tütü-tüt
jetzt keiner da
drum quatsche ich
die mailbox voll
mit blablabla

tänze der untertanen

wollt nichts müssen
und nichts planen
die_spontanen
soll hashtag sein
endlich schluss mit
den schikanen
mittelfinger
den grobianen
den egomanen
dem inhumanen

tanzt tanzt tanzt nur
untertanen

ausscheren aus
karawanen
lasst erahnen
was in euch steckt
lernt das handwerk
der schamanen
den pavianen
seid zu affig
krümmt euch biegt euch
wie bananen

tanzt tanzt tanzt nur
untertanen

wilder noch als
eure ahnen
inspiriert von
schundromanen
mit dem feuer
von vulkanen
der rohen wucht
von ozeanen
werdet rasend
zu orkanen

tanzt tanzt tanzt nur
untertanen

zugetan den
momentanen
umlaufbahnen
spürt es tief in
den organen
seid für heute
die kumpanen
aller menschen
königskinder
kopftitanen

so im dunkel unter euch

es raketet
in den himmel hoch
vielkehlige
ahs und ohs zünden
aus dem dunkel

die entpuppte pracht
wird gefeiert
wie auf kommando
raunt die menge
ihr glück ins dunkel

auch ich stehe
meinen blick schweigend
feuerwerkwärts
zwischen den menschen
so im dunkel

dunkel schweigend
stehe ich da
blick feuerwerkwärts
so unter euch
allein im dunkel

wtf – wtttf

tick tick tack
mon-tick-tag

dienst-tick-tag
tick tick tack

tick tick tock
mittwoch och!

tick tick tock
immer noch?

tick tick tack
donnerstag

tick tick tack
frei-tick-tag

tick tick tack
bin ein wrack

sams-tick-tag
tick tick tack

sonn-tick-tag
tick tick tack

what the tick tacking fuck!

schlichte wahrheiten

man weiß
der erdball ist fast kugelrund
die menschen sie sind kunterbunt
man sagt
wer hunger hat muss essen
man hört
wer trinkt der will vergessen
man glaubt
die zeit heilt alle wunden
und gesuchtes wird gefunden
man denkt
dem dasein fehlt der sinn
zu selten haut geplantes hin
man ahnt
nur kleinigkeiten trösten
alle sterben (auch die größten)
man hofft
dass manchmal neigung keimt
damit das ich auf du sich reimt
man will und wünscht
am ende bloß ein bisschen glück
ansonsten - bitte geld zurück!

lonesomes allabendlicher blues

er saß bei bier und chips auf der veranda seiner ranch
rülpste sah in den sonnenuntergang und dachte mensch
mach noch etwas aus dem tag sonst ist er schnell vorbei
wie der gestern als er eier aß bohnen und kartoffelbrei
nichts wusste mit sich anzufangen voll war wie ein eimer
erst leise später lauthals fluchte scheiße schrie alleiner
am alleinsten brüllte er wie blöd sah keine perspektive
sein atem alles stank es roch nach hausgemachter krise
ja so saß er da und trank und trank und dachte nach
torkelte dann lattenstramm in richtung schlafgemach
da schnappte sich der wind die tüte chips mit wildem stoß
wirbelte sie herum in loopings ließ sie lange nicht mehr los
auf die art ward zumindest eine sehnsucht noch gestillt
auf die art gibt's einen hauch von poesie im letzten bild

fast wie von selbst

in den schlimmsten zeiten der schlimmen wenn einem das
wasser bis zum halse steht der pegel steigt steigt steigt (steigt
und sich kopfwärts hebt) kommt man leicht (fast wie von selbst)
ins schwimmen ins schwimmen ins schwimmen ins schwimmen
ins schwimmen ins schwimmen ins schwimmen ins schwimmen
ins schwimmen ins schwimmen ins schwimmen ins schwimmen
ins schwimmen ins schwimmen ins schwimmen ins schwimmen
ins schwimmen ins (da capo al fine?)

wir hier unten

mit wucht tritt der rebell
gegen die laterne
die ganz kurz flackert
    hell dunkel *hell*
die dann grell
weiterleuchtet
so von oben herab
(soundtrack: kötergebell)

so oder so

ich so du so
– du hast mir voll den verstand geraubt
– o das bisschen? asche auf mein haupt

du so ich so
– hey du raubst mir echt noch den verstand
– ach ohne ist's auch ganz interessant

zeichen

kein aber kein blabla spuck's
aus sag's grad heraus sag wie's
wirklich ist sag hab ich denn
das herz für dich damals (im
ach so kalten winter) ganz
umsonst in den schnee gepisst …?

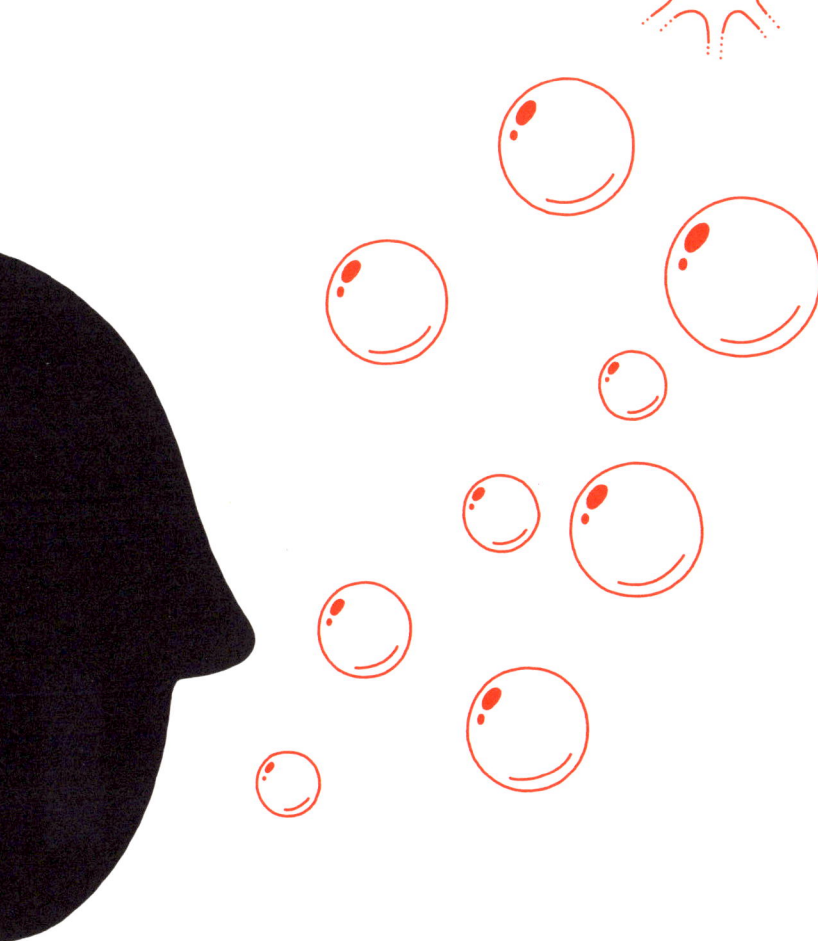

anton

anton arbeitet
anton arbeitet als azubi
anton arbeitet als amtsanwärter
als artiger amtsgehilfe
(abteilung a: allgemeine antragsanfragen)

als anfänger arbeitet anton akten ab
alte archivakten (alles andere als amüsante akten)
anton arbeitet angestrengt
anton arbeitet arbeitet arbeitet
arbeit adelt (argumentiert anton)

anton arbeitet als angestellter
anton arbeitet als adlatus
als adretter addierer aktueller aktienwerte
anton arbeitet akkurat (akribisch)
anton arbeitet astrein

allmählich aber artet antons arbeit aus
anton arbeitet akkord
anton arbeitet atemlos
anton arbeitet am anschlag
adrenalinaufgeputscht arbeitet anton

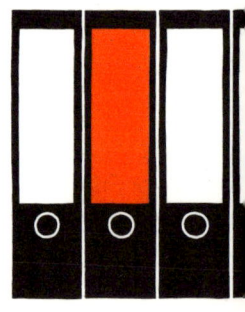

anton akzeptiert allerhand
anton akzeptiert appetitlosigkeit (aha)
anton akzeptiert alkohol
anton akzeptiert alkohol als arznei
anton arbeitet amphetamingedopt

amphetamin adrenalin alkohol
alle arbeiten als antons assistenten
(achtung anton) alarm
aber anton arbeitet angstlos
arbeitet abgehalftert (angeknockt)

anton arbeitet allein (armer anton)
am achten april achtundachtzig
als antons atem aussetzt
als anton ablebt (abrupt abkratzt)
ach anton (ade anton) amen (adieu)

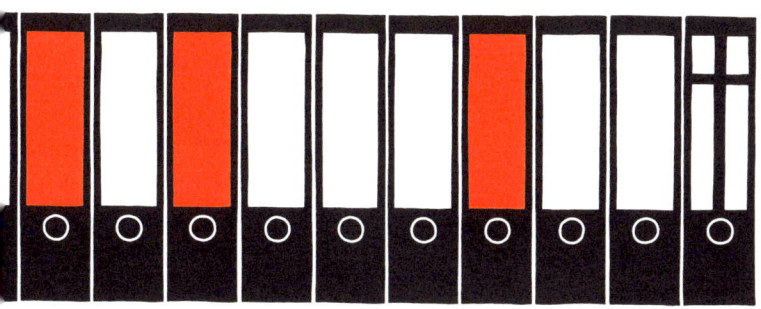

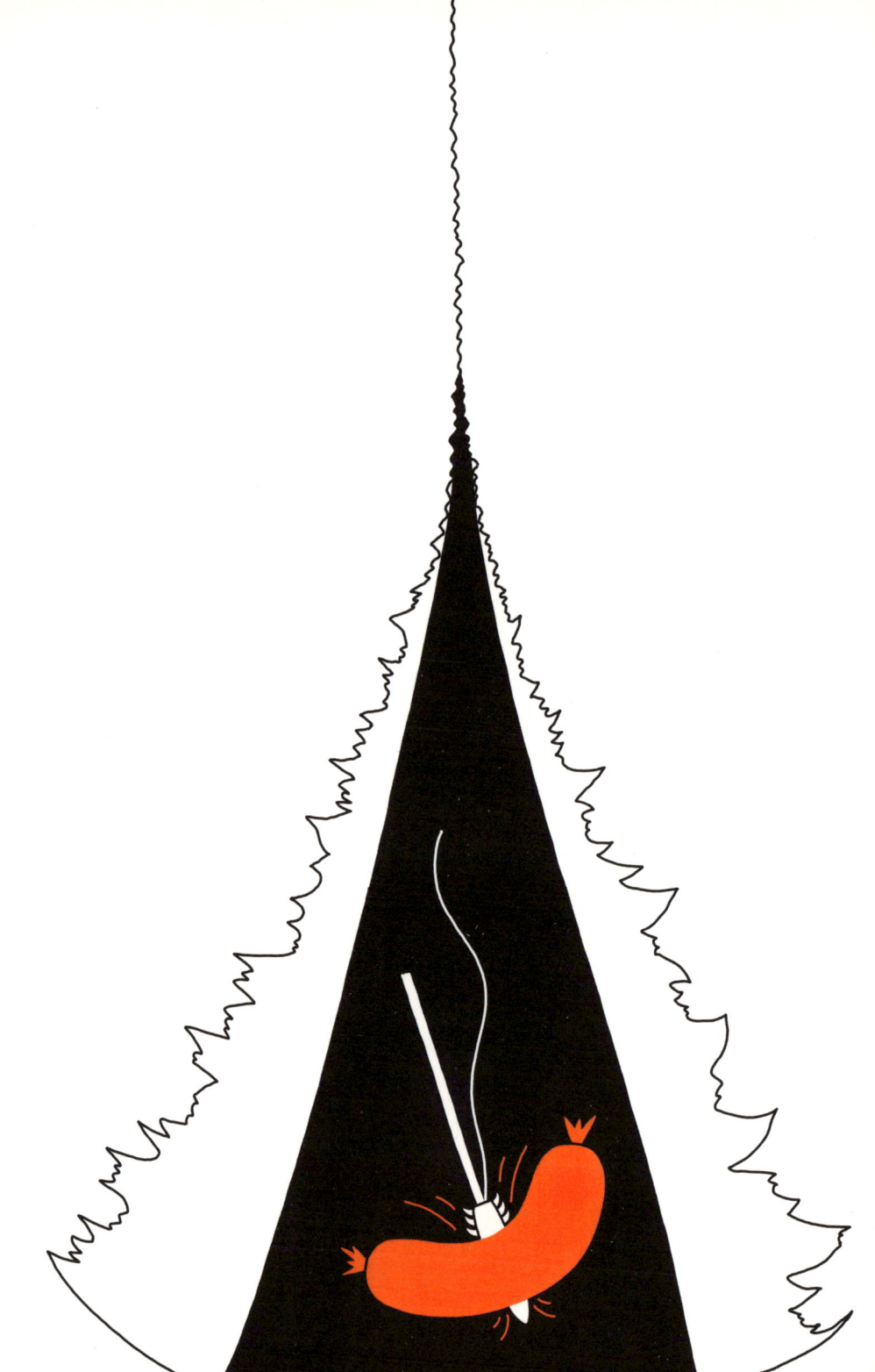

noch erschüttelnder!

monster

löscht bei nacht ein unsichtbarer licht

lacht der geisterjäger sicher nicht

psychopath

mit harpune in der hand und nur mir an bord

packt kutterfischer fritz die lust auf bier und mord

junkie

hat das wiesel großen durst

trinkt's auch diesel – völlig wurst

staffelübergabe

du wirst abschied genommen haben
du wirst abschied nehmen
du nimmst abschied
du nahmst abschied
du hast abschied genommen
du hattest abschied genommen

ich hatte abschied genommen
ich habe abschied genommen
ich nahm abschied
ich nehme abschied
ich werde abschied nehmen
ich werde abschied genommen haben

61, süß-sauer

ente flennte
ente pennte
ente am ende
depri-ente

ente flennte
ente pennte
ente am ende
burn-out-ente

ente flennte
ente pennte
ente am ende
ente in rente

ente flennte
ente pennte
ente am ende
chinaente

(schlusspointe)

zum licht

kurzes gebet:
bitte stuhl geh
ans fenster nimm
mich bitte mit

für den fall dass ich falle

wie ein blumentopf von der fensterbank
wie kaputte bügel im kleiderschrank
wie herbstlaub in den regenwassertank
wie unschöne worte beim ehezank
wie klein-obelix in den zaubertrank

lass alles gut ausgehen – lieben dank!

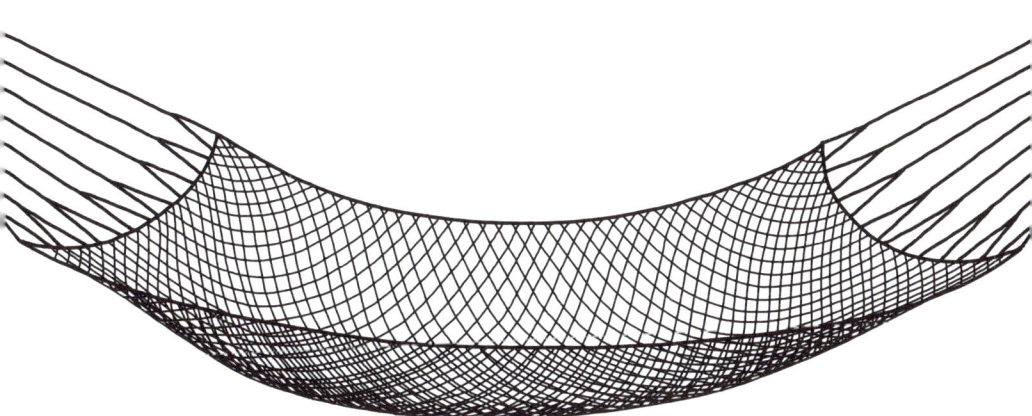

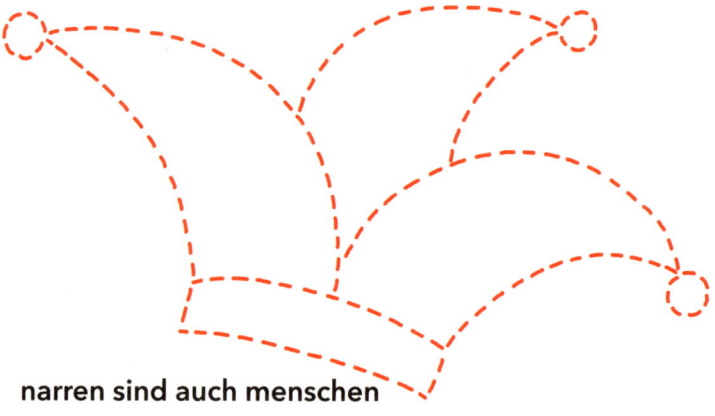

narren sind auch menschen

vielleicht weil er ein narr war
dem das gar nicht so klar war
war jener narr als narr dann
in seinem narrsein nah dran
auch ohne große narretein
schon nahezu perfekt zu sein

höhere mathematik & keine tiefere bedeutung

kräne betreiben geometrie
am himmel (und komischerweise)
die welt wirkt noch unberechenbarer

bei dem gedanken krabbelt dir ein
tierchen (vielfüßig) den rücken hoch
wieso gibt's dafür keinen namen?

jetzt ein wort finden – und ihm könnten
(was dir gefiele) flügel wachsen
um kräne so prompt zu übertrumpfen

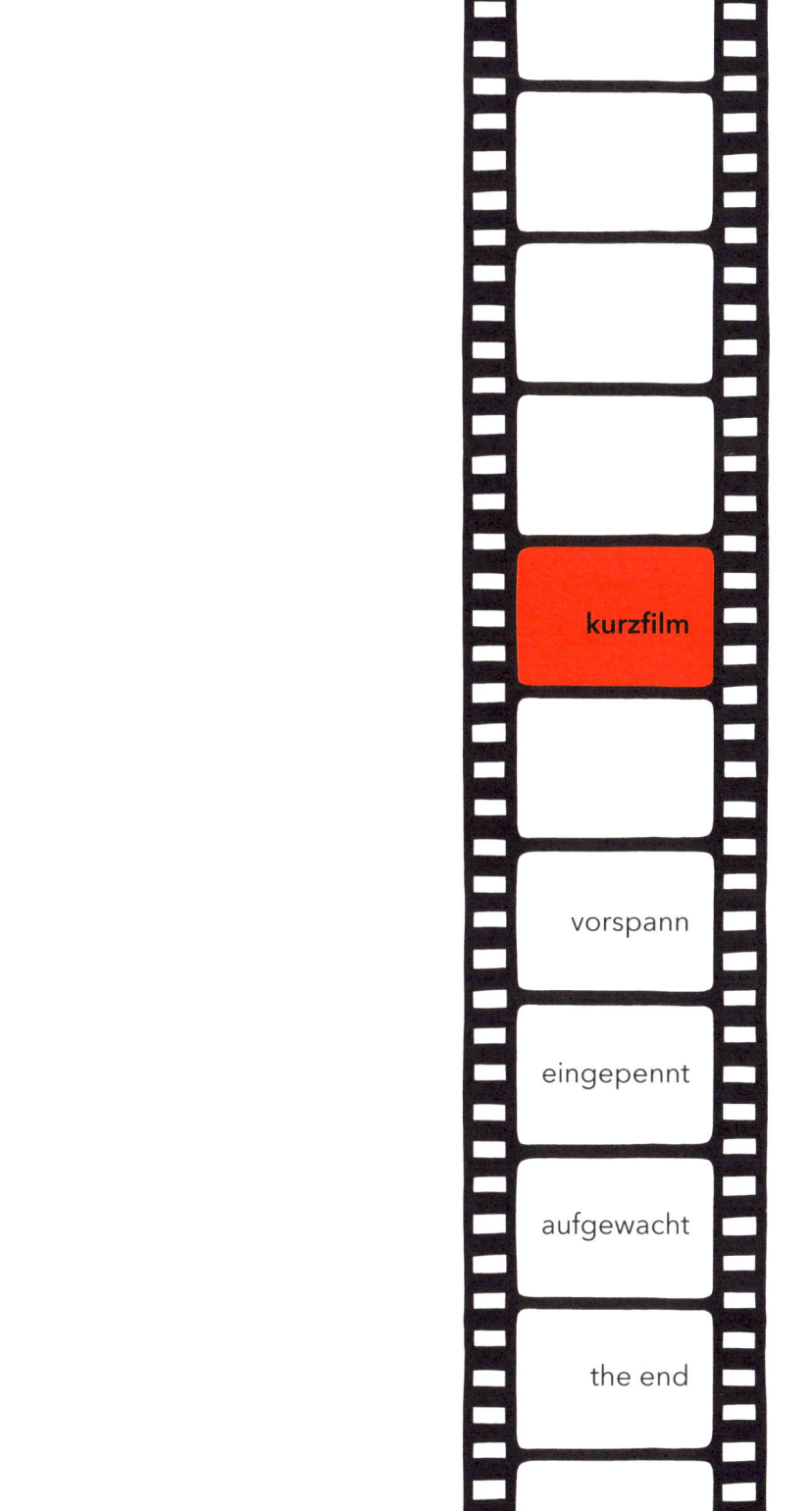

kurzfilm

vorspann

eingepennt

aufgewacht

the end

inhalt

nils mohl, geboren 1971, lebt als freier schriftsteller und drehbuchautor in hamburg. für seine romane und drehbücher (u. a. »es war einmal indianerland«) wurde er mit zahlreichen preisen ausgezeichnet, darunter der deutsche jugendliteraturpreis, der oldenburger kinder- und jugendbuchpreis und die nominierung für den deutschen filmpreis.

erste texte veröffentlichte er noch als gymnasiast in der schülerzeitung, für die er auch das horoskop schrieb. die zeichnungen dazu lieferte schon damals seine mitschülerin katharina greve (kein märchen). **www.nils-mohl.de**

katharina greve, 1972 in hamburg geboren, lebt als cartoonistin, comic-zeichnerin und autorin in berlin. neben zeichnungen für titanic, taz, stern u.a., veröffentlichte greve einen cartoon-band und mehrere graphic novels. 2010 erhielt sie den icom independent comic preis, 2013 den sondermann förderpreis für komische kunst. beim internationalen comic-salon erlangen 2016 wurde ihr web-comic »das hochhaus« mit dem max und moritz-preis ausgezeichnet. **www.katharinagreve.de**

»mohl in großer form … frei fliegend und immer
auf den punkt, formbewusst und verspielt«

könig der kinder
nils mohl · katharina greve
ISBN 978-3-95854-155-9
16,00 € (D)

---

covergestaltung, satz: anke elbel
druck und bindung: grafisches centrum cuno, calbe
ISBN: 978-3-95854-156-6